L. PÉRICAUD & DELORMEL

MADEMOISELLE LOULOUTE

OPÉRETTE EN UN ACTE

Musique de M. Victor ROGER

Représentée pour la première fois à l'ELDORADO

PARIS

C. JOUBERT, Éditeur, 25, rue d'Hauteville.

Répertoire de la Société des Auteurs et Compositeurs et Éditeurs de Musique.

C. JOUBERT, Éditeur de Musique

PARIS. — 25, Rue d'Hauteville, 25. — PARIS

RÉPERTOIRE

DES OPERAS, OPERAS-COMIQUES ET OPERETTES

ABRÉVIATIONS : **T.** Veut dire : Du répertoire de la Société des Auteurs dramatiques; le surplus étant du répertoire de la Société des Auteurs, Compositeurs et Éditeurs de Musique.

LOC. Veut dire : N'existe qu'en location.

Opéras, Opéras-Comiques et Opérettes en plusieurs Actes.

Auteur	Titre		Prix
A. Godard	Amour qui passa (L') (3 actes) T.	partition	loc.
E. Missa	Belle Sophie (La) (3 actes) T.	id.	net 12 »
H. Litolff	Boîte de Pandore (La) (3 actes) T.	id.	net 15 »
R. Planquette	Cantinière (La) (3 actes) T.	id.	net 12 »
R. Planquette	Cloches de Corneville (les) 3 a. T	id.	net 15 »
Verdi	Croisé en Egypte (Le) (3 actes) T	id.	loc.
Verdi	Deux Foscari (Les) (3 actes) T.	id.	loc.
Marenco	Diable au corps (Le) (3 actes) T.	id.	net 15 »
De Wenzel	Élève du Conservatoire (L') (3 a) T	id.	net 12 »
H. Litolff	Escadron volant de la Reine (L') (3 actes) T	id.	net 15 »
L. Vasseur	Famille Vénus (La) (3 a.) T.	id.	net 12 »
Suppé	Fatinitza T.	id.	loc.
H. Litolff	Fiancée du Roi de Garbe (La) (3 actes) T.	id.	net 15 »
A. Louis	Goguette (La) (3 actes) T.	id.	loc.
J. Clerice	Hardi les Bleus T.	id.	net 10 »
H. Litolff	Héloïse et Abélard (3 actes) T.	id.	net 15 »
Verdi	Jérusalem T.	id.	loc.
L. Vasseur	Mam'zelle Crénom (3 actes) T.	id.	net 12 »
Pedrotti	Masques (Les) T.	partition	net 15 »
H. Boullard	Niniche (3 actes) T.	id.	net 8 »
Deffès	Noces de Fernande (Les) (3 a) T.	id.	net 15 »
Hervé	Œil crevé (L') (3 actes) T.	id.	loc.
J. Clerice	Pavie (3 actes) T.	id.	net 12 »
Haackmann	Petit Moujik (Le) (3 actes) T.	id.	net 12 »
Poniatowski	Pierre de Médicis (4 actes) T.	id.	net 20 »
Ch. Grisart	Poupées de l'Infante (Les) (3a.) T	id.	net 15 »
Auber	Premier jour de bonheur (Le) (3 actes) T.	id.	net 15 »
E. Missa	Princesse Nangara (La) (3 a.) T	id.	loc.
Auber	Rêve d'Amour (3 actes) T.	id.	net 15 »
Boullard, Hervé et Lecocq	Roussotte (La) (3 actes) T.	id.	net 10 »
R. Planquette	Surcouf (3 actes) T.	id.	net 12 »
R. Planquette	Talisman (Le) (3 actes) T.	id.	net 15 »
Ricci	Une folie à Rome (3 actes) T.	id.	net 20 »
R. Planquette	Voltigeurs de la 32e (Les) (3 a.) T.	id.	net 12 »

Opéras-Comiques en un Acte

AUTEURS	TITRES DES ŒUVRES	Hommes	Femmes	Prix nets
H. Salomon	Aumônier du Régiment (L') T.	3	1	10 »
Samuel David	Bien d'Autrui (Le) T.	2	1	8 »
L. Deffès	Bourguignonnes (Les) T.	2	1	7 »
D. Bernicat	Cadets de Gascogne (Les)	troupe	»	7 »
L. Deffès	Café du Roi (Le) T.	1	2	7 »
De Ste-Croix	Chanson du Printemps (La) T.	4	2	8 »
R. Planquette	Chevalier Gaston (Le) T.	2	1	8 »
Ch. Grisart	Memnon T.	troupe	»	6 »
A. Turquet	Monsieur Pulcinella T.	2	2	6 »
P. Henrion	Moulin de Javelle (Le) T.	2	1	6 »
R. Planquette	Paille d'Avoine T.	2	1	6 »
Th. Dubois	Pain bis (Le) T.	troupe	»	8 »
De Ste-Croix	Rendez-vous galants (Les) T.	troupe	»	10 »
C. Boussagol	Sabre enchanté (Le) T.	3	1	6 »
De Mortarieu	Saint-Nicolas (La).	1	1	8 »
Desgranges	Vieux Sorcier (Le) T.	troupe	»	8 »

Opérettes de Théâtre et de Concert

AUTEURS	TITRES DES ŒUVRES	Hommes	Femmes	Prix nets
De Campisiano	Absalon.	1	3	6 »
F. Bernicat	Agence Rabourdin (L').	1	1	5 »
G. Street	Amour en livrée (L').	3	1	5 »
Desormes	Amour et l'appétit (L').	1	1	4 »
Ch. Lecocq	Amour et son Carquois (L') T.	2	13	8 »
A. Petit	Amoureux d'Yvonne (Les) T.	5	3	loc.
V. Roger	Amour Quinze-Vingt (L')	3	1	4 »
Desormes	Antoine et Cléopâtre T.	1	2	4 »
J. Emmecé	A qui le gosse ?	troupe	»	loc.
M. Chautagne	Arracheuse de dents (L').	2	1	4 »
Géraldy	Ascension du Mont-Blanc (L').	1	1	4 »
Banès	Au Coq huppé.	3	2	5 »
Lebreton-Moreau	Au temps des cerises T.	5	3	loc.
Guérineau	Auteur par amour.	1	2	5 »
Lebreton-Moreau	Autour d'une guérite T.	3	2	loc.
Moreau	Avant le bal.	1	1	3 »
Deransart	Baigneur et nageuse.	1	1	1 »
Desriès et P. Garcin	Baisez cocotte.	3	1	3 »
Leserre	Barbe-Bleue.	1	»	2 »
Offenbach	Ba-ta-Clan T.	troupe	»	8 »
Wachs	Bibi ou l'Enfant de l'Amour.	1	1	4 »
Moreau-Gramet	Bougnol et Bougnol.	4	2	loc.
Villebichot	Boum ! Servez chaud.	3	2	4 »
Hubans	Breland de bègues.	2	1	5 »
Banès	Cadiguette (La).	1	1	5 »
Javelot	Calino amoureux.	2	1	3 »
Cellot	Canne d'un grand homme (La) T	2	2	loc.
V. Herpin	Capricorne (Le).	troupe	»	loc.
F. Barbier	Carmagnole (La).	3	9	5 »
Lebreton-Moreau	Carnaval conjugal (Le) T.	9	3	loc.
Chelu	Chambre à louer.	1	1	50
Moreau	Chambre de bonne T.	troupe	»	loc.
R. Planquette	Champignolette T.	troupe	»	loc.
V. Roger	Chanson des Écus (La).	3	1	4 »
P. Henrion	Chanteuse par amour (La) T.	»	1	6 »
E. André	Chaos (Le).	1	1	4 »
Lebreton-Moreau	Chasseurs Alpins (Les) T.	6	6	loc.
Cieutat	Chasse Suzanne (La) T.	troupe	»	4 »
Meynard	Chez le dentiste.	3	1	8 »
Lhuillier	Chez les Corniquets.	1	»	1 »
C. Rosenquest	Chicard et Bébé.	1	1	4 »
Bonnier	Chien et Chat T.	4	1	5 »
Villebichot	Cirque Ponger's (Le).	troupe	»	6 »
L. Collin	Coco Bel-Œil.	3	1	6 »
A. Petit	Cocotte et chiffonnier.	1	1	5 »
Villemer / Delormel / Péricaud	Colosses de Rhodes (Le).	3	»	4 »
A. Petit	Confection pour dames.	2	4	5 »
Lebreton-Moreau	Conscrits bretons (Les) T.	7	5	loc.
L. Collin	Conscrit tyrolien (Le).	1	1	3 »
Lebreton-Moreau	Cote et Cocottes.	4	4	3 »
De Roze et d'Arsay	Culotte du marié (scène) (La).	»	1	0 50
Lebreton-Moreau	Dans cent ans T.	2	11	loc.
Sourilas	Dégrafée T.	3	3	5 »
L. Lefèvre	Dernier verre (Le).	2	1	4 »
F. Barbier	Deux amours de chandeliers.	1	1	5 »
F. Matz	Deux avares (Les) T.	2	1	8 »
Ch. Hubans	Deux coqs vivaient en paix.	2	1	6 »
F. Gracia	Deux estafiers (Les).	2	»	2 »
M. Chautagne	Deux muses (Les).	2	»	4 »
F. Barbier	Deux parfaits notaires (Les).	3	»	4 »
Hervé-Lecocq	Deux portières pour un cordon T	2	»	4 »
Moreau-Boucherat	Diable au Moulin.	5	8	loc.
Divers	Doubles Vierges (Les) T.	troupe	»	loc.
Sourilas	Drapeau jaune (Le) T.	3	2	4 »
J. Domerc	Ecole buissonnière (L').	3	»	3 »
Ed. Lhuillier	Elle débute ce soir.	1	1	4 »
Delaruelle	El senor Piffardino.	1	1	6 »
Marsay	En colonne T.	troupe	»	loc.
Lebreton-Moreau	Enfant des halles (L') T.	3	2	loc.
Villebichot	Entre deux jardins.	1	1	4 »
Lebreton-Duroc	Entresol d'Eugène T.	4	6	loc.
Banès	Escargot (L').	2	3	6 »
D. Dihau	Eternel roman (L').	1	1	4 »
F. Beauvallet	Faites le jeu, Messieurs (v.) T.	»	»	loc.
Lebreton-Moreau	Farces du Printemps (Les) T.	7	4	loc.
St-Agnan Choler	Faut du prestige (vaud.) T.	»	»	loc.
Lebreton-Duroc	Faut quoj' casse la g. à Baptiste T	4	3	loc.
Ch. Gabet	Femme de Valentino (La) (v.) T.	»	»	loc.

MADEMOISELLE
LOULOUTE

OPÉRETTE EN UN ACTE

Musique de M. Victor ROGER

Représentée pour la première fois à l'ELDORADO

PARIS

C. JOUBERT, Éditeur, 25, rue d'Hauteville.

Répertoire de la Société des Auteurs et Compositeurs et Éditeurs de Musique.

PÉRICAUD & DELORMEL

MADEMOISELLE LOULOUTE

Opérette en un Acte

Musique de M. Victor ROGER

Représentée pour la première fois à l'ELDORADO, le 9 Septembre 1882.

PERSONNAGES

Pistolet, *rentier*........	MM. GAILLARD	Juliette de Santenay, *jeune veuve*........ .... Mme L. RULAND
Edgard........	HURBAIN	Clotilde, *femme d'Edgard*. LIOVENT.

Le théâtre représente le salon de Juliette de Santenay.— Table au milieu du théâtre. Fenêtre à droite, 2e plan. — Porte d'entrée principale au fond. — Portes latérales. — Une armoire à droite de la porte du fond.

SCÈNE PREMIÈRE

Juliette, *seule, à la fenêtre.*

Je m'ennuie !... J'ai beau chercher des distractions, je n'en trouve aucune. Le souvenir de M. de Santenay est toujours là ! (*Allant au canapé.*) Oh ! le misérable ! il me poursuit même après sa mort ! aussi ai-je donné congé au propriétaire, car tout ici me le rappelle désagréablement... Je suis allée une fois aux conférences du boulevard des Capucines... Quand on m'y reprendra !... On m'avait conseillé le bal de l'Opéra... je m'y suis égarée... Il y a, dans cet endroit, des hommes d'une hardiesse !... et qui ne s'adressent jamais à vous de face... Je m'étais pourtant démasquée... Il y en avait un surtout qui était d'un entreprenant !... Il me demandait tout le temps de le conduire chez moi, vu qu'il était sans domicile... Quelle audace !

AIR :

Premier couplet.

Il me disait : Ma toute belle,
Acceptez donc un souper fin ;
Le champagne rend moins cruelle,
Ainsi que tout excellent vin.
Vous paraissez des plus novices.
Tous deux, si le cœur vous en dit,
Nous mangerons des écrevisses,
Pour mieux vous ouvrir l'appétit.

Moi, je tremblais,
Je rougissais,
En me disant tout bas : (*bis*).
— Ainsi qu'Ève, ta mère,
Tu l'as voulu, ma chère, (*bis*).
Ne t'en plains pas.

Deuxième couplet.

Ève, autrefois, mangea la pomme,
Un fruit perfide et savoureux ;
Mais les écrevisses, en somme,
Ça doit être fort dangereux.
Quoique n'étant pas des plus niaises
Elle y perdit le Paradis.
Les écrevisses bordelaises
Ce sont les pommes de jadis.

Moi je tremblais,
Je rougissais,
En me disant tout bas : (*bis*).
— Ainsi qu'Ève, ta mère,
Tu l'as voulu, ma chère, (*bis*).
Ne t'en plains pas.

(*On frappe au fond*).

JULIETTE

Entrez !... (*Pistolet paraît.*) Ah ! le portier !

SCÈNE II

Juliette, Pistolet.

PISTOLET, *descend à gauche et chante à pleine voix:*

J'arrive donc enfin dans cette ville immense.

JULIETTE

Que voulez-vous, monsieur Pistolet?

PISTOLET

A peine avais-je placé l'écriteau sur la porte cochère, que *(chantant)*.

Un ange, une femme inconnue...

JULIETTE

Ah ! vous n'avez pas fini de chanter ?

PISTOLET

Jamais, madame ! Quand on a chanté les ténors pendant dix années, quand on a charmé les populations de Tarascon et de Meaux-en-Brie, on ne cesse pas de chanter... Je disais donc à madame *(chantant)*.

Qu'une fée, un bon ange

est venu à moi et m'a dit : — Monsieur, je désire visiter l'appartement. — C'est facile, madame, ai-je répondu... Et cette dame est là, qui sollicite la faveur d'examiner vos lares.

JULIETTE

Faites visiter, monsieur Pistolet. L'appartement est à votre disposition.

PISTOLET

J'ai à vous faire part, madame, du désespoir d'Eudoxie, mon épouse, quand je lui ai appris que madame nous lâchait.

JULIETTE, *s'assèyant à droite de la table.*

Ah ! votre femme me regrettera ?... Mais ne m'aviez-vous pas dit, dans le temps, qu'elle me faisait l'honneur d'être jalouse de moi ?

PISTOLET

Ah ! oui, dans le temps ! parce qu'un jour, Eudoxie avait entendu madame m'appeler. « Vieux monstre !... » *(s'asseyant sur le canapé.)* Vieux monstre ! c'est très grave, pour Eudoxie ! *(Elle se lève.)* parce que c'est en prononçant ce mot-là qu'elle est tombée pour la première fois dans mes bras.

JULIETTE

Quelle chute !... Mais vous faites attendre les visiteurs... Je les laisse libres. *(Elle sort par la droite, premier plan.)*

PISTOLET, *la suivant.*

Je n'en attendais pas moins de Madame. *(Il va à la porte du fond.)*

SCÈNE III

Pistolet, Clotilde.

PISTOLET, *introduisant Clotilde, chantant.*

Vous partez à l'instant ..
D'Altorf, les chemins sont ouverts !
D'Altorf, les chemins sont ou...

(Il fait un couac.)

Ne faites pas attention, madame, c'est un chat qui passe.

CLOTILDE, *descendant à gauche.*

Quel drôle de portier !... Nous sommes dans le salon, n'est ce pas ?

PISTOLET

Oui, madame. Autrefois, c'était la salle à manger ; mais, comme il faut absolument passer par ici pour pénétrer dans le reste de l'appartement, les amis du locataire s'arrangeaient toujours de façon à venir à l'heure des repas. Alors, le visiteur disait : — Ah ! pardon ! je vous dérange ! — Mais non ! Prenez donc un siège. Avez-vous déjeuné ? — Pas encore. — Joséphine ! un couvert pour monsieur !... Mᵐᵉ de Santenay a trouvé que l'on mettait trop souvent le couvert pour monsieur et a reporté la salle à manger *(chantant sur l'air du* Bouton de Rose).

Sur le derrière,
Ce qui gêna les carotteurs.
Depuis cett'mémorable affaire,
On ne r'çoit pas les visiteurs
Sur le derrière.

CLOTILDE, *à part.*

Il est bavard, ce portier. *(Haut)* Alors, la chambre à coucher ?

PISTOLET

Est là. Mais on n'y entre pas, car madame se déshabille. Oh ! c'est une bien belle femme, que madame, quand elle se déshabille !

CLOTILDE

Qu'en savez-vous ?

PISTOLET

J'ai regardé à travers le trou de la serrure.

CLOTILDE

Ah !

PISTOLET

Mais n'en dites rien à ma femme, car jamais Eudoxie ne m'a pardonné un regard indiscret en dehors de l'administration conjugale.

CLOTILDE

Il n'y a qu'une seule chambre à coucher ?

PISTOLET

Une seule, madame. Et je trouve que c'est bien assez ! Eudoxie aussi !... Il n'y a que le gouvernement françois à qui je tolère deux Chambres. Et encore pour ce qu'il en fait !...

CLOTILDE

Le cabinet de toilette ?

PISTOLET

Il communique avec la chambre à coucher, comme dans tous les appartements des personnes qui aiment à se nettoyer souvent. Deux chambres de bonnes, cave, cuisine avec eau et gaz, cabinet de travail et buen-retiro des plus confortables... (*allant à la fenêtre*) avec vue sur le boulevard. Pour quatre mille francs, c'est donné... (*ouvrant la fenêtre*) Voyez la vue, madame, voyez la vue !... Des fleurs plein le balcon ! (*chantant*)

C'est le jardin de Jenny l'ouvrière,
Au cœur content...

(*Ils redescendent*).

CLOTILDE

Eh bien ! cela me convient assez.

PISTOLET

Maintenant, reste à savoir si madame convient à la maison.

CLOTILDE

Plaît-il ?

PISTOLET

Madame n'a pas de chiens ?

CLOTILDE

Non.

PISTOLET

Pas d'enfants ?

CLOTILDE

Non plus.

PISTOLET

Il faut même que madame s'engage à n'en pas produire pendant la durée de son bail.

CLOTILDE

Diable !

PISTOLET

Madame touche du piano ?

CLOTILDE

Quelquefois.

PISTOLET

Madame aura l'obligeance de soumettre à Eudoxie le répertoire qu'elle joue. Nous ne tolérons pas le Wagner, ça occasionne des fuites dans le gaz... Madame rentre tard ?

CLOTILDE

Comme tout le monde.

PISTOLET

C'est qu'Euxodie n'aime pas ouvrir passé minuit... Madame n'a pas de belle-mère ?

CLOTILDE

Si fait ! nous en avons deux.

PISTOLET

Oh ! alors, madame ne peut pas nous convenir.

CLOTILDE

Mais elles n'habitent pas avec nous.

PISTOLET

Ah ! c'est différent, alors... Madame a un mari ?

CLOTILDE

Oui.

PISTOLET

Mais un mari pour de bon ?... un vrai mari enfin ?

CLOTILDE

Sans doute.

PISTOLET

Madame sera assez bonne pour déposer son contrat de mariage dans le sein de mon Eudoxie. C'est que nous n'aimons point les cascadeuses, ici.

CLOTILDE, *souriant*.

Je vous assure que je ne suis point une cascadeuse.

PISTOLET

Alors, c'est très bien !... Madame aura l'obligeance de me donner le denier à Dieu de (*chantant*)

Cette main, cette main si jolie.

(*Il fait un couac*).

SCÈNE IV

Les Mêmes, **Juliette**

JULIETTE, *entrant de droite.*

Prenez garde au chat ! monsieur Pistolet.

CLOTILDE

Juliette !

JULIETTE

Clotilde !

PISTOLET

Ces dames se reconnaissent.

JULIETTE

Ma meilleure amie de pension... Laissez-nous, Pistolet.

CLOTILDE

Et dites, je vous prie, à mon mari, qui m'attend dans la voiture, de ne pas s'impatienter, que je descends...

JULIETTE

Ton mari ?

CLOTILDE

Je suis mariée. Et toi ?

JULIETTE

Je suis veuve.

PISTOLET, *redescendant au milieu.*

Et une veuve qui regrette son mari !... Hein ! le cas est rare. N'est-ce pas, madame ? Il mériterait d'être signalé à la Société protectrice des animaux.

JULIETTE

Pistolet !

PISTOLET

C'est vrai ! Pardon, mesdames... J'ai véritablement l'air d'un pistolet qui ne veut pas partir. Je retourne près d'Eudoxie. *(chantant)*

Vas-t-en d'ici ! de cet asile
Tu troublerais la pureté !

(Il sort).

SCÈNE V

Juliette, Clotilde

CLOTILDE

Ma pauvre Juliette ! Tu es veuve !

JULIETTE

Ne me plains pas plus qu'il ne faut.

CLOTILDE

Cependant ce concierge qui affirme...

JULIETTE

Ce concierge est un ancien ténor qui, par sa simplicité, serait digne de l'être encore... La vérité est que M. de Santenay était bien le paroissien le plus désagréable que jamais la mer ait porté !...

CLOTILDE

Ah ! c'était un marin !...

JULIETTE, *la conduisant au canapé et s'asseyant.*

Qui avait conservé dans son ménage les jolies habitudes de son bord. Il chiquait, ma chère !

CLOTILDE

Mais une des habitudes du bord est, dit-on, de maltraiter les matelots.

JULIETTE

Eh bien, il avait conservé celle-là, comme les autres !

CLOTILDE

Il te battait ?

JULIETTE

Oui, ma chère amie ! Tu peux alors juger de la dose de regrets dont je puis disposer à son égard.

(Elles se lèvent.)

DUO

JULIETTE

Oui, ma chère, je te le jure,
Je regrette peu mon mari ;
Il avait la parole dure
Et parfois les gestes aussi.
Un soir de sa main peu légère,
Ici, je reçus un soufflet !
Cela peut t'assurer, j'espère,
Qu'il ne me laisse aucun regret !   *(bis)*

CLOTILDE

Vraiment ! il osa se permettre...
C'était un monstre, et, franchement,
De pareils époux devraient être
Punis par le gouvernement !

JULIETTE

Oui, c'était un maître peu tendre.
C'est pourquoi tu dois bien comprendre
Qu'après un tel échantillon.
Je n'en veux pas prendre un second.

REPRISE EN DUO

JULIETTE

Ah ! ça ! et toi, ma chère Clotilde, as-tu eu la main plus heureuse que moi ?

CLOTILDE

Oh ! mon mari est charmant !

JULIETTE

Ah ! enfin !... Voilà donc une femme mariée heureuse !

CLOTILDE

Charmant ! charmant !... *(après réflexion).* Oui, charmant !...

JULIETTE

Tu n'as pas l'air d'en être bien sûre !

CLOTILDE

Oh ! si !...

JULIETTE

Seulement !..,

CLOTILDE

Quoi, seulement ?...

JULIETTE

Il n'y a pas un petit seulement ?... Allons, allons... Je le vois... tiens, il est sur le bord de tes lèvres !

CLOTILDE

Eh ! bien, oui, il y en a un... sans doute... mon mari est charmant...

JULIETTE

Seulement...

CLOTILDE

Seulement, c'est un coureur épouvantable !...

JULIETTE

Il court ?... après quoi ?...

CLOTILDE

Après les cocottes !...

JULIETTE

Les cocottes !... mais on n'inventera donc pas une bonne poudre insecticide qui nous délivrera de cette superfluité par trop naturaliste ?

CLOTILDE

Dès qu'il en aperçoit une, il me délaisse et devient fou !

JULIETTE

Alors, il doit passer sa vie en accès, car ça pullule, cette race-là ! *(gagnant la gauche).* — On plante du chènevis, il pousse des cocottes !

CLOTILDE, *allant vers elle.*

Ah ! s'il pouvait tomber sur une qui le guérisse pour toujours de cette épidémie redoutable !...

SCÈNE VI

LES MÊMES, **Pistolet**, **Edgard**.

PISTOLET, *chantant.*

Suivez-moi ! suivez-moi !...

EDGARD, *entrant.*

Ah ! ça, mais, ma bonne amie, tu le mesures donc du haut en bas, cet appartement ? *(Apercevant Juliette).* Oh ! ma jolie cocotte du bal de l'Opéra !...

JULIETTE, *à part.*

Le monsieur sans domicile !... Et c'est son mari !

CLOTILDE

Mon ami, figure-toi...

JULIETTE, *bas, très vivement.*

Tais-toi !... *(A part).* Ah ! ce monsieur si entreprenant mérite une leçon ; il l'aura ! *(Haut).* J'étais en train d'expliquer à madame, que je n'ai pas l'honneur de connaître...

EDGARD, *à part.*

Heureusement !...

CLOTILDE

Mais...

JULIETTE, *bas.*

Tais-toi donc !...

PISTOLET

Comment, vous n'avez pas l'avantage...

JULIETTE, *allant à lui.*

Taisez-vous donc, vieux pot !...

PISTOLET

Vieux pot !...

JULIETTE, *passant à Edgard.*

J'expliquais donc à madame les ressources de l'appartement.

EDGARD

Les ressources ?...

JULIETTE

Oui !... toutes les pièces ont une double issue ! En sorte que l'on peut recevoir, quatre, cinq personnes à la fois, sans les exposer à se rencontrer c'est commode !

EDGARD, *à part.*

Ce sont les ressources de son état.

PISTOLET, *réfléchissant..*

Vieux pot ! Jamais on ne m'a appelé ainsi !

EDGARD

Je crois, moi, que cet appartement ne saurait nous convenir.

CLOTILDE

Pourquoi donc, mon ami !

EDGARD, *bas à Clotilde.*

Il faudrait y brûler trop de sucre !

CLOTILDE, *bas.*

Je ne te comprends pas !

EDGARD, *de même.*

Tu voudrais reprendre l'appartement d'une cocotte ?

CLOTILDE, *de même.*

Mais ça n'est pas une cocotte ?

JULIETTE, *à part.*

Ils se consultent ! Pourvu qu'elle ne lui dise pas qui je suis !

PISTOLET, *qui est resté abîmé dans ses réflexions.*

Vieux pot !... A quel propos, vieux pot ?

CLOTILDE, *bas, après avoir entendu son mari qui lui a parlé à l'oreille.*

Seule, démasquée, au bal de l'Opéra... ce n'est pas possible ?

EDGARD, *de même.*

Je te l'affirme ! (*Haut*). Nous vous demandons mille pardons, madame, de vous avoir dérangée, mais réflexion faite, l'appartement ne saurait nous convenir.

PISTOLET

Je le regrette, car monsieur et madame me faisait l'effet d'être des gens très propres.

EDGARD

Dites-moi, monsieur le concierge... (*Il lui parle bas*).

CLOTILDE, *bas à Juliette.*

M'expliqueras-tu ?...

JULIETTE, *de même et vivement.*

Je vais guérir ton mari de la manie des cocottes ! — Reviens dans une heure !

EDGARD, *bas, à Pistolet.*

Toujours seule ?

PISTOLET, *chantant.*

Toujours, toujours, la nuit comme le jour !...

EDGARD

La nuit comme... c'est bien !... (*saluant*) madame... Viens, Clotilde.

QUATUOR

CLOTILDE, *bas, à Juliette.*

Au revoir ma chère ;
Quel est ton projet ?   (*bis*).

JULIETTE, *de même.*

Il faut du mystère !...
Garde le secret.   (*bis*).

EDGARD, *à Juliette.*

Madame, ici je vous présente
Mes saluts (*A part*). Il faut convenir
Que l'aventure est fort piquante,
Et je saurai m'en souvenir.

(*Il donne son bras à Clotilde*).

ENSEMBLE

CLOTILDE, *à Juliette.*

Au revoir, ma chère,
Puisqu'à ton projet
Il faut du mystère,
Gardons le secret !

JULIETTE, *à Clotilde.*

Au revoir, ma chère,
A mon grand projet
Il faut du mystère,
Garde le secret !

EDGARD, *à Clotilde.*

Allons, viens, ma chère ;
Ce logis coquet
Ne saurait nous plaire...
Partons sans regret.

PISTOLET

Laissons cette affaire ;
Ce logis coquet
Ne saurait vous plaire...
Partez sans regret.

Edgard et Clotilde sortent par le fond.

SCÈNE VII

Juliette, Pistolet.

JULIETTE

Pistolet, que vous a dit ce monsieur, à l'oreille ?

PISTOLET

Avant de répondre, madame, je désirerais savoir pourquoi l'épithète de vieux pot est venue errer sur vos lèvres de roses ?

JULIETTE

C'était à moi que je parlais.

PISTOLET

Ah ! c'était à... je me disais aussi... (*Chantant*) :

Je n'y puis rien comprendre...

JULIETTE

Pistolet, ce monsieur va être ici dans dix minutes.

PISTOLET

Pour renouer avec l'appartement ?

JULIETTE

Non ! pour renouer avec autre chose... Il s'agit de vous montrer intelligent.

PISTOLET

Pristi ! vous me dites ça tout d'un coup... vous savez, quand on n'a pas l'habitude...

JULIETTE

Ce misérable homme qui vient de sortir a la malhonnêteté de me prendre pour une cocotte...

PISTOLET

Une cocotte ! vous ?... mais, s'il revient, je vais lui dire...

JULIETTE

Au contraire ! ne lui dites rien !..Avez-vous, dans ce qui vous reste de costumes de théâtre, quelque vêtement qui puisse vous faire passer pour un étranger ?

PISTOLET

J'ai mon costume de la dame blanche .. (*Chantant*) :

Chez les...

JULIETTE

Non ! Vous n'avez pas un turc, un brésilien, un espagnol ?...

PISTOLET

J'ai un polonais.

JULIETTE

Avec des brandebourgs ?

PISTOLET

Avec !

JULIETTE

Allez vivement l'endosser.

PISTOLET

Hein !... moi en polonais !... que va dire Eudoxie ?

JULIETTE

Eudoxie se taira, quand elle saura qu'il y a cent francs pour vous, si vous pouvez jouer bien votre rôle.

PISTOLET

Cent francs !... madame, pour cent francs, vous pouvez me demander d'aller me baigner dans un tonneau de macadam, je m'y baignerai... pour aller me sécher ensuite dans les bras d'Eudoxie !...

JULIETTE, *le conduisant en remontant par la gauche.*

Allez vous sécher dans votre polonais, c'est tout ce que je vous demande, et revenez ici, en jurant, criant, tempêtant, cassant, même ; c'est moi qui paye la casse !...

PISTOLET

J'ai compris ! — Mais pourquoi ferai-je tout ce potin ?

JULIETTE

Parce que vous serez Ladislas Lekzinski, mon amant, et que vous serez jaloux de l'homme qui sera caché chez moi !...

PISTOLET

Votre amant !... Je serai votre amant !... Oh ! Juliette ! Juliette !... Appelez-moi vieux monstre !... Quand une femme a appelé un homme vieux monstre, c'est qu'elle est bien près de succomber !...

JULIETTE

Allez donc !... Je ne suis plus Juliette ; je suis Mlle Louloute de Castelfondu.

PISTOLET, *avec passion.*

Louloute !... *(on frappe).*

JULIETTE

C'est lui !... N'oubliez pas de mettre une perruque et une barbe, qu'il ne vous reconnaisse pas !...

PISTOLET

C'est comme si c'était fait !.. Je l'introduis, et je reviens ! *(Il va ouvrir la porte).*

SCÈNE VIII

LES MÊMES, **Edgard**.

EDGARD

Je vous demande pardon, madame.., mais, ma femme croit avoir oublié chez vous son ombrelle...

JULIETTE

Vraiment ! *(Se levant)* Je vais chercher, monsieur.

PISTOLET, *à part.*

Malinos, va ! l'ombrelle de sa femme !... *(A Edgard).* On la connaît, mon vieux, on la connaît !

EDGARD

Plaît-il ?

PISTOLET

On l'a faite ! elle n'est pas de vous, celle-là !..

JULIETTE

Sortez, Pistolet !...

PISTOLET

Je sors, mam'zelle Louloute, je sors... mais prenez garde à votre polonais, le rageur Ladislas Cruchinski !...

JULIETTE, *vivement.*

C'est bon ! c'est bon !...

EDGARD

Un polonais !...

PISTOLET

Oui, un polonais... de la Pologne, un vrai ! qui est jaloux !... Du reste, il paye assez cher pour avoir le droit d'être seul à occuper l'appartement.

JULIETTE

Pistolet !...

PISTOLET

Pistolet sort, mam'zelle Louloute !

JULIETTE, *qui est remontée, bas.*

Et ne ratez pas votre personnage !

PISTOLET, *de même.*

Madame peut être rassurée, je ne suis pas un mauvais pistolet. *(chantant).*

Et ma gaîté jamais ne finira !...
Tra la la la la la !... *(Il sort).*

SCÈNE IX

Juliette, **Edgard**.

EDGARD

Quel singulier concierge vous avez là, madame !

JULIETTE, *s'asseyant sur le canapé.*

Oui, il est original !

EDGARD

Vous ne me reconnaissez pas ?

JULIETTE

Oh ? pardon !... Vous êtes le monsieur sans domicile du bal de l'Opéra !

EDGARD

Alors, la moitié du chemin est faite. Nous sommes de vieilles connaissances. — Vous m'avez fait l'honneur de me prendre pour un vagabond.

JULIETTE

C'est vrai !

EDGARD

Indiquez-moi le moyen de vous prouver que je suis un galant homme.

JULIETTE, *se levant.*

Pardon, mais si nous cherchions l'ombrelle de votre femme.

EDGARD

Elle est retrouvée !... ma chère petite...

JULIETTE

Monsieur, je suis une femme du monde.

EDGARD

Je n'en ai jamais douté. Votre nom seul, Mlle Louloute...

JULIETTE, *s'asseyant à droite.*

De Castelfondu !...

EDGARD

De Castelfondu !... Complication !...

JULIETTE, *prenant une broderie à laquelle elle travaille.*

C'est vous dire que je ne permets à un homme de me faire la cour que lorsqu'il possède au moins trente mille livres de rentes.

EDGARD

C'est pour moi que vous dites cela ?

JULIETTE

Non, c'est pour le shah de Perse !

EDGARD

Et de quelle façon vous assurez-vous qu'un homme a trente mille livres de rentes ? Vous ne lui demandez pas d'avoir ses titres sur lui ?

JULIETTE

Non ! mais je le mets au pied du mur.

EDGARD

Au pied du mur !... C'est une singulière situation pour un homme qui a tant de rentes !

JULIETTE

C'est comme ça !... (*Elle laisse tomber sa laine.*) — Ramassez-donc ma laine, s'il vous plaît ?

EDGARD

Avec bonheur !... (*à genoux devant elle*). Dieu ! que vous avez un joli pied !...

JULIETTE

J'ai les deux !

EDGARD

Et dire qu'ils sont à la Pologne !...

JULIETTE

Oh ! si peu !...(*Riant et se levant*). Ah ! ah ! ah !... — Vous ne pouvez pas vous figurer comme ça a l'air bête un homme à genoux comme vous l'êtes-là !...

EDGARD

Ah ! vous trouvez que...

JULIETTE, *riant très fort.*

Ah ! ah ! ah !... il ne vous manque qu'un bocal !...

EDGARD, *se relevant.*

Louloute, je vous en supplie ne vous moquez pas de moi, je vous aime; et j'attends le pied du mur !

JULIETTE

Les voilà bien tous !... Ils demandent qu'on les ruine; et après ils viennent vous appeler filles de marbre !... Croqueuses d'hommes !...: — Enfin ! avez-vous remarqué le magasin qui est à droite de la porte cochère ?

EDGARD

Sans doute ! c'est un bijoutier.

JULIETTE

Eh ! bien, ce bijoutier est le pied de mon mur ! Figurez-vous qu'il a dans sa vitrine une paire de boucles d'oreilles en diamants, qui sont d'une blancheur, mais d'une blancheur !...

EDGARD, *redescendant à droite.*

Je les connais ! Je viens tout à l'heure de les refuser à ma femme !

JULIETTE

Naturellement !... Moi, je les veux ! Ce sont les plus gros... — Eh ! bien, vous n'êtes pas encore parti les chercher ?

EDGARD

J'y cours !... Pour grimper par-dessus le mur au pied duquel vous me mettez, il n'est rien que je ne fasse !.. Attendez-moi, Louloute ! (*A part*). Elle est adorable !... (*Il sort en courant*).

JULIETTE, *seule se levant.*

Et voilà les pantins auxquels nos pères nous sacrifient !... Et voilà les polichinelles qui éreintent leurs belles-mères, et les appellent des gêneuses !... Ils refusent des diamants à leur légitime qui les aime, pour les donner à des drôlesses qui se moquent d'eux !... (*Elle remonte un peu.*) Dire que quand il est à la Bourse, ce garçon-là a peut-être beaucoup d'esprit !...(*Descendant à gauche par devant la table.*) Allons donc, croqueurs de dots !... Occupez-vous un peu plus de votre ménage ; vos enfants en seront peut-être plus solidement construits !... Mais non... Phryné enfoncera toujours Madame Pot-au-Feu !... (*Elle s'assied sur le canapé*). Il va me demander quelque chose en échange de ses boucles d'oreilles !... Il n'aura pas même un baiser ! Je veux qu'il soit bête et ridicule jusqu'au bout ! Ah ! si fait pourtant !... Il aura un petit verre de Kummel !... (*Elle va prendre un plateau et deux verres sur la console à gauche, premier plan, et le met sur la table*). Ça lui rafraîchira les idées !... (*Elle se rassied sur le canapé.*)

EDGARD, *rentrant.*

Les voilà !... Les voilà ! ces diamants !... Permettez-moi, Louloute, de les accrocher moi-même !...

JULIETTE, *les prenant.*

Non !... ils sont jolis n'est-ce pas ?

EDGARD, *à part.*

Je crois bien pour 8.000 francs !...

JULIETTE, *les admirant.*

Oh ! quelle eau ! quelle eau !...

EDGARD, *à part.*

Pourvu que cette eau-là ne nous conduise pas à la rivière !

JULIETTE

Ah ! vraiment, monsieur... Tiens, au fait, comment vous appelez-vous donc ?

EDGARD, *s'asseyant sur le canapé.*

Edgard !...

JULIETTE

Edgard !... Oh ! je n'aime pas ce nom-là !... Je vous appellerai Joseph !..

EDGARD

Joseph !... Ah ! mais...

JULIETTE

Oui, ça m'est plus commode !...

EDGARD, *à part,*

Elle a l'habitude des Joseph ! c'est pour ne pas se tromper. (*Haut.*) Et maintenant, Louloute, permettez-moi...

JULIETTE

Ah ! rien du tout !...

EDGARD

Comment, rien du tout ?

JULIETTE

Et mon polonais que dirait-il ?

EDGARD

Il dirait... il dirait ce qu'il voudrait !...

JULIETTE

Mais, malheureux ! il mouche une chandelle à 50 pas !

EDGARD

Il a donc le bras bien long ?

JULIETTE

Joseph, mon ami, c'est l'heure à laquelle il va venir ! Je vous en supplie, partez !...

EDGARD

Partir ! sans avoir rien obtenu ?

JULIETTE

Eh ! bien, si !... Je vais vous donner quelque chose ! Un souvenir de moi !

EDGARD

Enfin !,..

JULIETTE, *versant.*

Un petit verre de Kummel !...

EDGARD

Et avec cela ?

JULIETTE

Je trinquerai avec vous ! Buvez, mon ami, c'est le polonais qui paie !

EDGARD, *le goûtant et à part*

Ça me coûte 8,000 francs, ça !... c'est raide !...

JULIETTE

Il est bon, hein ? (*Elle s'assied à droite du guéridon*).

EDGARD

Un peu salé !... Louloute, vous savez, je vous aime !...

JULIETTE

C'est convenu !...

EDGARD

Louloute, je vous en supplie... ne vous bornez pas au Kummel ? Rendez-vous !

JULIETTE

Ah ! çà, mais vous me prenez pour une place forte !...

EDGARD

Avec des créneaux et des demi-lunes ! oui !...

PISTOLET, *en dehors.*

Mille kremlins !... on n'y voit goutte ici !...

JULIETTE, *le faisant tourner à droite et passant à gauche.*

Ciel ! mon polonais !...

EDGARD

Fichtre !

JULIETTE

Cachez-vous ! cachez-vous vite !

EDGARD

Me cacher ? mais...

JULIETTE

Ah ! je vous en supplie !... Tenez, là !... dans cette armoire !... (*Elle le fourre dans une armoire*).

EDGARD

Mais je vais étouffer là dedans !

JULIETTE, *le poussant.*

Entrez donc ! .. (*Elle l'y enferme*).

PISTOLET, *au dehors.*

M'ouvrirez-vous, mille cosaques ! ou je défonce tout !...

JULIETTE

Voilà, mon ami, voilà !... (*Elle ouvre*).

SCÈNE X

Pistolet, *vêtu en Polonais grotesque, chevelu, barbu.* — **Juliette, Edgard** *caché.*

PISTOLET, *chantant.*

Vous n'étiez pas seule en ces lieux !..

JULIETTE, *bas.*

Ah ! ne chantez pas !..

PISTOLET

C'est juste !.. si je chante, c'est de rage !.. mademoiselle Louloute de Castelmordu !

JULIETTE, *bas.*

Fondu !..

PISTOLET

C'est juste ! Fondu !.. Il y avait un autre animal ici, avec vous !..

JULIETTE, *feignant l'effroi.*

Mais, je vous jure, mon ami...

PISTOLET

Ne jurez pas, sacré nom d'une drogue !... Ne jurez pas, ce n'est pas beau !.. Et ces deux petits verres-là, là !.. me direz-vous que vous vous en fourriez sous le nez dans deux verres à la fois ?

JULIETTE, *bas.*

Très bien ! vous êtes très bien !

PISTOLET, *criant toujours.*

Ah ! vous trouvez que je suis très bien ?

JULIETTE, *bas.*

Mais taisez-vous donc !..

PISTOLET, *criant de même.*

C'est juste ! je vous dis ça trop fort ! Et la preuve qu'il y avait ici un godelureau de français, c'est que ça sent !

JULIETTE

Mais non, je ne sens rien !..

PISTOLET

Alors, c'est que vous avez le nez bouché ! — Je vous dis que ça sent le patchouli ! Faut-il qu'il soit stupide, cet animal-là !.. Il vient pour se cacher et il empoisonne le patchouli ! Tenez, mon nez le suit à la trace !.. Il s'est assis là, près de vous... Cette chaise empeste ! Ce verre est le sien !.. Ce verre est une simple infection !..

JULIETTE

Ah ! mon Dieu !..

PISTOLET

Mon nez le suit toujours. (*Bas*) Où est-il ?

JULIETTE, *bas désignant l'armoire.*

Là !...

PISTOLET

Toujours !.. toujours !.. Et tenez, il est là, dans cette armoire !..

JULIETTE, *passant à droite.*

Je vous jure, mon ami !..

PISTOLET

Ne jurez pas ! sacré mille noms d'un veau ! Ce n'est pas beau !.. Madame, ouvrez-moi cette armoire !..

JULIETTE

Ah ! mon Dieu !.. mais c'est de la folie !... Quand je vous dis, Ladislas...

PISTOLET

Il n'y a pas de Stanislas ! Il faut que je tue cet homme !.. Ouvrez-moi cette armoire !..

JULIETTE

J'ai perdu la clef !

PISTOLET

Oh ! je la retrouverai, moi ! et malheur à lui !.. (*Il tire un coup de révolver*).

JULIETTE

Ah ! quelle boucherie !.. C'est horrible !..

PISTOLET

Je le tuerai !.. je le tuerai !.. Je vais chercher de quoi enfoncer cette porte ! (*Chantant le trouvère*) :

> Ah ! ché la morte ognora
> E tarda nel venir
> A chi déria morir !...

(*Il fait un couac et sort par la gauche, 2° plan, en tirant des coups de revolver*).

JULIETTE, *ouvrant l'armoire.*

Sortez ! sortez-vite !..

EDGARD

Mais c'est un sauvage que ce polonais-là !. (*On entend tirer des coups de revolver dans la coulisse*).

JULIETTE

Ah! le voilà !.. fourrez-vous là ! sous la table !..

EDGARD

Ah ! mais, je commence à en avoir assez !

JULIETTE

Sous la table !..

EDGARD

C'est bien pour vous, allez !.. (*Il se blottit sous la table, ses pieds passent*).

PISTOLET, *rentrant.*

J'ai usé toutes mes balles pour rien !

JULIETTE

Mon ami, j'ai ouvert l'armoire !..

PISTOLET

Et il n'y a rien dedans ? C'est que vous l'avez niché ailleurs ! mon nez le sent toujours (*Bas*) Où est-il ?..

JULIETTE, *de même.*

Là !

PISTOLET

Toujours ! toujours !.. Et tenez, ces pattes qui passent là !.. Non ! mais il n'est pas permis d'être autruche à ce point-là !.. Parce qu'il a la tête cachée, il se figure qu'on ne le voit pas, l'imbécile !..

EDGARD

Ah ! mais !..

JULIETTE

Il est perdu !.. Ladislas, grâce !..

PISTOLET

Pas de vasistas !.. sors de là, galopin !.. (*Il relève le tapis.*)

EDGARD, *se relevant.*

Galopin vous-même ! entendez-vous, vieux drôle ?

PISTOLET

Vieux drôle, moi ?

JULIETTE, *entre eux.*

Messieurs !..

EDGARD

Ah ! vous mouchez des chandelles à 50 pas, vous ?

PISTOLET

Qu'est-ce qu'il dit que je mouche ?

EDGARD

Eh ! bien, nous verrons si je me laisserai moucher comme une chandelle, moi !

JULIETTE, *bas à Pistolet.*

Allez donc !..

PISTOLET

Vous êtes un cuistre !..

EDGARD, *se précipitant sur lui.*

Insolent !.. (*il lui donne un soufflet*).

PISTOLET, *à Juliette.*

Ah ! mais je trouve qu'il va trop loin !...

EDGARD

Vos armes?

PISTOLET

Ça m'est égal !..

EDGARD

L'endroit?

PISTOLET

Où vous voudrez !...

EDGARD

L'heure ?

PISTOLET

La vôtre?

EDGARD

C'est bien ! j'y serai !

PISTOLET

Et moi, j'y serai avant vous !

TRIO

EDGARD, *à Pistolet.*

Il faut me céder ta maîtresse
Et renoncer à sa beauté !...

PISTOLET

Moi renoncer à sa tendresse,
J'aimerais mieux m'faire couper l'né !...

EDGARD

C'est alors suivant l'habitude
Le glaive qui décidera !

LOULOUTE

Ah ! grand Dieu, que mon sort est rude !...
Peut-être un des deux périra !

TOUS LES TROIS

En $\begin{Bmatrix} mon \\ son \end{Bmatrix}$ bras droit j'ai confiance,
Et pour châtier l'insolence
Je sens $\begin{Bmatrix} \\ \end{Bmatrix}$ redoubler $\begin{Bmatrix} ma \\ sa \end{Bmatrix}$ vaillance !
Il sent
Je veux $\begin{Bmatrix} m' \\ s' \end{Bmatrix}$ abreuver de son sang !..
Il veut

PISTOLET

Dans ce bois de vieux pins, sous cette voûte sombre,
Nous n'aurons pour témoins que le silence et
[l'ombre !...

(*Il fait un couac*). — (*Parlé*).

C'est un chat qui passe !...

TOUS LES TROIS

Je vais $\begin{Bmatrix} \\ \end{Bmatrix}$ lui percer le flanc !
Il va

Avec $\begin{Bmatrix} ma \\ sa \end{Bmatrix}$ bonne lame !

Je vais $\begin{Bmatrix} \\ \end{Bmatrix}$ lui percer le flanc !
Il va

Ça march'ra carrément !

PISTOLET

Monsieur, j'avais prévu le cas. (*Il sort et revient aussitôt avec une lance*). Mes témoins sont en bas !

JULIETTE

Je vais leur dire d'attendre un peu. — Messieurs, je vous laisse ; je n'aime pas à me mêler des affaires des autres ! Débrouillez-vous tous deux, et ne cassez rien, n'est-ce pas ? — (*Elle sort par le fond à gauche*).

SCÈNE XI

Pistolet, Edgard

EDGARD

Monsieur, c'est moi qui suis l'offensé : vous m'avez appelé galopin ! J'ai le choix des armes, je choisis l'épée.

PISTOLET

Moi, j'ai reçu une gifle ! Je choisis la lance ! l'arme de la Pologne !...

EDGARD

La lance.

PISTOLET

Je suis un ancien lancier polonais, moi, monsieur, et je jure par ma barbe, je vais vous embrocher comme une poularde truffée.

EDGARD

Monsieur, votre barbe est sur la figure d'un polisson !

PISTOLET

Ma barbe !

EDGARD

Et je ne sais qui me retient... (*Il saisit la barbe de Pistolet, elle lui reste dans la main*). Ah ! bah !...

PISTOLET

Sapristi ! ma barbe !... rendez-moi ma barbe !. .

EDGARD

Cette figure grotesque...

PISTOLET

Grâce !... Je ne suis pas polonais ! Je suis Pistolet, le portier.

EDGARD

Le portier !... mais alors que signifie cette comédie ?

PISTOLET

Elle signifie que Mme de Santenay, que vous avez prise pour une cocotte, s'est moquée de vous ?

EDGARD

Mme de Santenay, une amie de ma famille ! je suis joué !...

SCÈNE XII

Les Mêmes, **Clotilde**, **Juliette**.

CLOTILDE, *entrant par le fond suivie de Juliette.*

Oui, mon ami !

EDGARD

Clotilde !...

CLOTILDE

Et si vous voulez bien me payer cette traite, que Mlle Célestine Poireau vient de repasser à mon ordre...

EDGARD

Clotilde, ne m'accablez pas !...

CLOTILDE

Monsieur, je ne vous pardonnerai jamais !

EDGARD

Tu auras tort, car je suis assez humilié pour être guéri de toutes les cocottes de Paris !

PISTOLET, *chantant.*

V'là c'que c'est,
C'est bien fait,
Fallait pas qu'y aille... (*bis*).

JULIETTE, *à Edgard.*

Attendez, je vais arranger ça !... (*à Clotilde*) Allons, laisse-toi fléchir !... au nom de ces boucles d'oreilles que ton mari me charge de te remettre.

CLOTILDE

Des boucles d'oreilles ?

JULIETTE

Il vient de me les remettre, là, à l'instant, pour toi !...

PISTOLET, *chantant.*

Pour tant d'amour, ne soyez pas ingrate !...

CLOTILDE, *passant à Edgard.*

Je vous pardonne, Edgard !

EDGARD, *à Juliette.*

Merci, Louloute !

JULIETTE

Il n'y a pas de quoi, Joseph !

CLOTILDE

Mais vous m'avez juré que plus une cocotte dans Paris...

EDGARD

Et je te jure encore !...

PISTOLET, *seul.*

Malin ! il en reste assez en province !

JULIETTE

Voulez-vous vous taire, vieux monstre !

PISTOLET

Vieux monstre !... Et elle m'a regardé tendrement !... Ah ! si Euxodie savait ça !...

FINAL

Si par vous ${}^{ma}_{sa}$ ruse est absoute,

Messieurs, prouvez-le franchement,
Ce soir, en nous applaudissant
Dans mademoiselle Louloute !...

AUTEURS	TITRES DES ŒUVRES	Hommes	Femmes	Prix nets
F. Chaudoir	Fête à Claudine (La)	1	1	4 »
E. Duhem	Fête à M. le Maire (La)	3	2	4 »
R. Planquette	Fiancé de Margot (Le) T	1	1	6 »
Javelot	Fiancés berrichons (Les)	1	1	3 »
Soulié	Fiancés du bonnet de coton (Les)	1	1	5 »
L. Vasseur	Fichue idée T	2	1	5 »
Liouville	Fièvre phylloxérique (La)	3	2	4 »
Berthe	Fille du charpentier (La)	3	1	5 »
Lebreton-Moreau	Fille du marin (La) T	8	7	loc.
id.	Fils à Papa (Le) T	troupe	»	loc.
Chaulieu et Battaille	Fils de M. Alphonse (Le) (vaud.) T	troupe	»	loc.
Duroc-Mailfait	Five O'Clock de la Baronne	7	2	loc.
Villebichot	Fleuriste et typographe	1	1	5 »
Divers	Françoise les bas bleus T	troupe	»	loc.
Divers	Fantrognon T	8	11	loc.
Lebreton-Moreau	Frère de lait (Le)	1	2	4 »
id.	Friquet T	9	7	loc.
Cieutat	Furet (Le)	»	1	4 »
Moreau-Touzé	Gai gai mariez-vous !	4	3	loc.
Divers	Gavroche et Loup de mer	1	1	loc.
Lefort	Grand papa de la chanson (Le) T	1	1	3 »
M.-Brisac	Guerre aux hommes (La) T	6	7	loc.
Lebreton-Moreau	Héritière de Carapattas (L') T	8	8	loc.
Villebichot	Hirondelles (de la rue (Les)	»	2	3 »
Moniot	Jacotte	2	2	5 »
Nargeot	Jeanne, Jeannette et Jeanneton T	2	3	8 »
Michiels	Jefque et Trinne	1	1	4 »
A. Perronnet	Je reviens de Compiègne	»	1	4 »
Bernicat	Jeunesse de Béranger (La) T	3	1	6 »
Lebreton-Moreau	Jocrisses du mariage (Les)	troupe	»	loc.
L. Collin	Journée aux soufflets (La)	1	1	4 »
Herpin	Ki-Ki-Ri-Ki T	troupe	»	loc.
Desormes	Leçon de musique (La)	1	1	4 »
J. Clérice	Léda T	troupe	»	loc.
Cazaneuve	Loi du pal (La) T	troupe	»	5 »
Moreau-Gramet	Ma Colonelle	2	2	loc.
De Ste-Croix	Madame de Rabucor T	2	1	4 »
Clairville fils	Madame la baronne T	1	1	4 »
Wachs	Madame le docteur	2	1	4 »
V. Roger	Mademoiselle Louloute	2	2	5 »
Bessière-Marinier	Maire et Martyr T	3	2	loc.
Talexy	Maître Grelot	3	2	7 »
De Lajarte	Mam'zelle Pénélope T	3	1	7 »
Jouhaud	Mariages riches	1	1	3 »
Moniot	Marianne et Jeannot T	1	2	8 »
Tollet	Marié sans l'être	4	»	3 »
Simiot	Mariés de Nanterre (Les)	1	2	4 »
Chaulieu et Battaille	Marie, tu dors encore	troupe	»	loc.
Gresset-Bernard	Méfiez-vous d'Oscar T	2	2	loc.
E. André	Melon (Le) (monologue saynète)	1	»	2 »
Desormes	Menu de Georgette (Le)	3	2	8 »
Ch. Gabet	Mérite des femmes (Le) (v.) T	troupe	»	loc.
Lebreton-Moreau	Miss Kissmy T	5	5	loc.
Bessier-Moreau	Môme aux Camélias (La) T	troupe	»	loc.
Chassaigne	Monsieur Auguste T	»	1	3 »
Lebreton-Moreau	Monsieur Sans Gêne T	troupe	»	loc.
Joly	Myope et presbyte T	1	1	4 »
Desormes	Nègre de la Porte St-Denis (Le)	3	3	3 »
E. Lhuillier	Nez enchanté (Le)	1	1	3 »
Herpin	Noce à Grospoulot (La)	5	7	loc.
F. Barbier	Noce à Suzon (La)	1	1	4 »
L. Collin	Noces d'or (Les)	2	1	5 »
Moreau-Gramet	Nos petites Chattes	3	5	loc.
Lebreton-Moreau	Nos voisins T	6	6	loc.
V. Roger	Nourrice de Montfermeil (La)	2	3	6 »
Ch. Gabet	Nouvel Achille (Le) (vaud.) T	3	1	6 »
Touzé Prud'homme	Nuit de Noces de Beauflanchet	6	4	loc.
Jacobi	Nuit du 15 octobre (La) T	3	1	6 »
Dédé fils	Oncle et Neveu	3	»	3 »
Dufils	Paille et la Poutre (La)	»	2	6 »
Billemont	Pantalon de Casimir (Le)	1	1	6 »
A. Petit	Par autorité de Justice T	5	3	loc.
F. Barbier	Par la fenêtre	1	1	4 »
J. Walter	Par la Gymnastique T	2	1	loc.
Ed. Lhuillier	Pasquinette	1	1	3 »
L. Collin	Petit Saphi (Le)	3	3	5 »
Lebreton-Moreau	Petite baronne (La) T	troupe	»	loc.
Linas	P'tite bête vit encore (La) T	1	6	4 »
Lebreton-Moreau	Petite colonelle (La) T	8	»	loc.
id.	Petites Menichons (Les) T	troupe	»	loc.
A. Petit	Petits lapins (Les) T	troupe	»	loc.
J. Clérice	Phrynette T	troupe	»	loc.
F. Barbier	Points jaunes (Les)	1	1	5 »
F. Barbier	Poupée automate (La)	1	1	4 »
F. Barbier	Premières armes de Parny (Les)	1	3	5 »
Moreau	Professeur de chant	1	1	3 »
De Ste-Croix	Pygmalion T	1	2	6 »
Garnier-Héros	Queue du Diable (La) T	troupe	»	loc.
L. Collin	Qui se dispute s'adore	1	1	4 »
Ch. Lecocq	Rajah de Mysore (Le) T	troupe	»	3 »

AUTEURS	TITRES DES ŒUVRES	Hommes	Femmes	Prix nets
Villebichot	Réponse du Berger (La)	1	1	8 »
Jacoutot	Retour de Kerdrec (Le)	troupe	»	4 »
Meugé	Retour de Margotte (Le)	1	1	4 »
Roques	Retour de Mars (Le)	1	2	4 »
L. Collin	Retour de Musette (Le)	1	1	4 »
Ch. Thony	Robes et Manteaux T	5	4	loc.
F. Chaudoir	Roi Claquette (Le) T	3	3	5 »
Desormes	Roland furieux	3	1	6 »
L. Desormes	Romance impossible (La)	2	»	2 »
W. Busnach	Rosière de Valentino (La) T	3	2	loc
Michiels	Rosière d'Interlaken (La)	1	1	4 »
Ch. Gabet	Ruy Black (vaudeville) T	»	1	loc.
Ch. Hubans	Sabines (Les)	troupe	»	loc.
Claments	Saint-Yvon (La) T	2	1	5 »
Ch. Lecocq	Sauvons la caisse (L)	1	1	6 »
R. Planquette	Serment de Mme Grégoire (Le)	1	1	8 »
Lebreton-Moreau	Signe de Léda (Le) T	troupe	»	loc.
Ouvier	Simone et Boquillon	2	1	5 »
Lebreton-Duroc	Soir de Noce T	4	4	loc.
Buffière / Duroc / Maillait	Soirée bourgeoise	2	2	loc.
Leserre / Gresset	Soirée d'amateurs	prochain	»	1 »
Bernard / Otter	Souffleur par amour T	3	»	loc.
Claments	Souhaits ridicules (Les) T	2	1	5 »
Meyan	Soupirs du cœur	2	3	4 »
Ch. Malo	Souviens-toi de Clémentine	2	1	4 »
Moreau-Darsay	Spiritisme des Familles	4	4	loc.
Tac-Coen	Suzette, Suzanne et Suzon	1	3	4 »
Wachs	Tata chez Toto	2	1	4 »
Chassaigne	Toc	2	2	5 »
Blétry	Tonton T	3	3	loc.
Wachs	Totor et Titine	1	1	4 »
Hubans	Tour de Moulinet (Le) T	2	1	8 »
Cartier	Train des Maris (Le)	2	1	4 »
Ch. Gabet	Trésor des Dames (vaudev.) T	troupe	»	loc.
Lebreton-Moreau	Treize jours d'un Parisien (Les) T	troupe	»	loc.
id.	Treizième spahis (Le) T	troupe	»	loc.
id.	Trio de troupiers T	troupe	»	loc.
id.	Trois Maçon (Les) T	4	2	loc.
L. David	Tu l'as voulu T	3	1	5 »
Javelot	Un amour d'épicier	2	1	4 »
P. Henrion	Un charcutier dans les fers	1	1	4 »
Chassaigne	Un Coq en jupons	1	1	4 »
Banès	Un do malade	2	1	5 »
Wachs	Un domestique pour rire	1	1	4 »
G. Laurens	Un futur sur le gril,	2	1	4 »
Ch. Malo	Un gendre à poigne	2	2	5 »
Pericaud	Un hercule qui ne veut pas se rouiller	2	1	4 »
Cambillard	Un mariage à la force du poignet	1	1	3 »
Ch. Malo	Un mariage au flageolet	1	1	4 »
Dauphin	Un mariage en Chine T	4	1	6 »
Bernicat	Un mari à l'essai	1	1	4 »
Pericaud	Un mari en grande vitesse	3	1	4 »
L. Collin	Un mauvais conscrit	2	»	4 »
F. Barbier	Un souper chez Mlle Contat	»	2	5 »
Bernicat	Une aventure de clairon	2	2	6 »
E. André	Une drôle de Marquise	2	1	3 »
Claments	Une étoile d'antichambre T	2	1	5 »
Jouhaud	Une femme du quart du monde	2	1	4 »
Villebichot	Une femme qui bégaie T	3	2	6 »
L. Roques	Une femme tombée du Ciel	1	1	5 »
Villebichot	Une fille à trucs	3	1	4 »
Liouville	Une fille en loterie	2	1	4 »
Desormes	Une lune de miel normande	1	1	4 »
L. Collin	Une mariée sans mari	1	1	4 »
Ed. Lhuillier	Une marine à vapeur	1	1	3 »
Desormes	Une mauvaise connaissance	3	2	5 »
Moreau-Darsay	Une mauvaise nuit	2	2	loc.
Ch. Gabet	Une nourice sur lieu (vaud.) T	2	4	loc.
Duhem	Une partie à Robinson	2	2	4 »
Wachs	Une pleine eau à Chatou	2	1	4 »
Bernicat	Une poule mouillée	1	1	4 »
Chassaigne	Une table de café	2	»	4 »
R. Planquette	Valet de cœur	1	1	4 »
J. Walter	Végétariens (Les) T	troupe	»	loc.
Robillard	Vengeance (La) de Ramoli	2	1	4 »
L. Roques	Vénus infidèle (Retour de mars) T	1	2	4 »
Moreau-Boucherat	Vert galant	6	8	loc.
Lebreton-Moreau	Vierges du chahut (Les) T	troupe	»	loc.
Burani-Planquette	Vingt-huit jours de Champignolette T	6	4	loc.
Lebreton-Moreau	Vocation d'Isoline (La)	1	2	5 »
Jacobi	Voilà l'plaisir, mesdames	1	1	4 »
Ch. Hubans	Voiture à vendre T	2	»	4 »
Divers	Volontaire de 92 (Le) T	troupe	»	loc.
Tac-Coen	Volontaire et vivandière	1	1	4 »
Herpin	Voyage de noce (Le)	4	1	loc.

Livrets d'opéras et opéras-comiques, net : 2 fr. — Livrets d'opérettes, net : 1 franc.
Pour la location de l'orchestre ou l'abonnement, s'adresser a l'Éditeur

POUR LES OUVRAGES DU RÉPERTOIRE

CONSULTER LE CATALOGUE SPÉCIAL

DES

OUVRAGES DE THÉATRE

QUI EST ENVOYÉ FRANCO SUR DEMANDE

POUR LA PARTITION OU LES PARTIES D'ORCHESTRE

MM. les Directeurs sont priés de s'adresser à l'Éditeur